THÈSE

POUR LA LICENCE.

HYÈRES,

CRUVÈS, IMPRIMEUR-LIBRAIRE,

Place de la Rade.

1859.

THÈSE
POUR LA LICENCE

Présentée

PAR LÉONCE CHARVET,

Né à Hyères (Var).

———

Cette Thèse sera soutenue dans la grande salle des actes publics,
le   1859, à   heures du

HYÈRES,
CRUVÈS, IMPRIMEUR-LIBRAIRE,
Place de la Rade.
—
1859.

MEIS

ET

AMICIS.

JUS ROMANUM.

DE FIDEJUSSORIBUS ET MANDATORIBUS.

(D. LIV. XLVI. T. I).

De Fidejussoribus.

Pro eo qui promittit solent alii obligari, quorum alii sponsores, alii fidepromittores, alii fidejussores appellantur : de fidejussoribus tantùm loqueremur.

Fidejussor est qui in stipulatione intervenit ad obligationem tuendam, hoc modo : idem fide tuâ esse jubes? congruente responsione; in omni linguâ tamen accipitur.

In omnibus obligationibus assumi potest, id est, sive re, sive verbis, sive litteris, sive consensu contractæ fuerint; ac ne illud interest, utrùm civilis, an naturalis sit obligatio cui adjiciatur.

Fidejussio et præcedere obligationem et sequi potest; pro fidejussore fidejussorem accipi, nequaquam dubium est; quisquam capax esse potest.

Itâ obligari non possunt fidejussores ut plùs debeant quàm debet is pro quo obligantur; at ex diverso ut minùs debeant obligari possunt·

Perpetuò tenentur, et quotquot erunt numero, singuli in solidum tenentur; itaque potest creditor à quo velit in solidum petere; sed ex epistolâ divi Adriani compellitur creditor, à singulis, qui modò solvendo sint, litis contestatæ tempore, partes petere; ideòque si quis ex fidejussoribus eo tempore solvendo non sit, hoc cœteros onerat.

Non tantùm ipsi obligantur, sed etiam hœredes obligatos relinquit.

Creditor qui fidejussorem persecutus erit, non debitorem persequi potest; et ex diverso; fidejussoribus sucurri solet, ut stipulator compelletur ei qui solidum solvere paratus est, vendere cœterorum nomina.

Hoc erat jus antè justinianum.

Justinianus sancit :

Primùm, jus creditoris integrum manere, etiàm persecuto aut fidejussore aut debitore.

Secundò, beneficium ordinis constitui : id est bona creditoris capi antequàm illa fidejussoris.

Rei coherentes exceptiones etiàm fidejussoribus competunt.

Si quis fidejussor pro reo solverit ejus reciperandi causâ habet cum eo mandati judicium.

Fidejussori negotiorum gestorum actio si pro absente fidejusserit.

Fidejussio extincta est obligationis extinctione, fidejussoris liberatione, confusione, morte.

De Mandatoribus.

Mandatum est contractus consensu et bonâ fide, quo quis promisit facere gratis rem pro altero.

Breviter tractabimus de tribus mandati modis, qui sunt ordinare, credendæ pecuniæ, atque ad litem mandatum.

1. De Mandato ordinari.

In primis. semper qui non prohibet pro se intervenire, mandare creditur.

Secundo, consensu constitui potest mandatum; illud in diem differi et sub conditione fieri potest.

Mandatum contrahitur quinque modis, scilicet : sive suâ tantùm gratiâ aliquid tibi mandet, sive suâ et tuâ, sive alienâ tantùm, sive suâ et alienâ, sive tuâ et alienâ; at si tuâ tantùm mandatum sit, supervacum est.

Rei turpis nullum mandatum est.

Parit iste contractus obligationes et pro mandatore subitò, et ex post facto pro mandante :

1. Pro Mandatore.

Mandatum non suscipere quilibet liberum est : susceptum autem consumandum, aut quàm primum renonciandum est, ut per semetipsum aut per alium eamdem rem mandator exequatur.

Mandator debet agere sicut optimus paterfamilias; obligatur culpâ levi in abstracto; fines mandati excedere non debet.

Debet reddere mandanti omnes fructus; est illi mandati actio directa ad illas obligationes tuendas.

2. Pro Mandante.

Sunt mandatori solvenda damna ex facto mandati; ei est mandati actio contraria ad tuendam illam obligationem quæ nascit ex post facto.

Extinctum mandatum fine, revocatione, renonciatione, morte, maximâ aut mediâ capitis deminutione.

2. De Credendæ pecuniæ mandato.

Illud est : quùm quis mandavit pecuniam credere alieni, prudentes dixerunt mandantem sese obligari ad solvendam pecuniam, si debitor non solveret.

Hic non est sicut in fidejussione solus contractus, sed duæ distinctæ conventiones.

3. De Mandato ad litem.

Antiquo jure, mandatum ad litem admittebatur solùm, pro populo, pro libertate, pro tutelâ, deindè quicumque potuit mandare ad litem. duo sunt mandatores ad litem. scilicet cognitores et procuratores.

Cognitor certis verbis in litem coram adversario substituitur; est dominus litis toto tempore ejus, sed contrà mandantem judicium est redditum.

Non interest an presente utrùm absente cognitore detur.

Procurator verò nullis certis verbis constituitur, nec in litem, sed ex solo mandato, absente aut ignorante adversario.

Contrà procuratorem est redditum judicium; itaque debet dare cautionem de rato.

Præcepta mandati ordinaris sunt illi etiàm.

CODE NAPOLÉON.

Des effets du cautionnement entre le débiteur et la caution, entre les cofidéjusseurs de l'extinction du cautionnement.

On entend plus particulièrement, sous le nom de cautionnement, qui signifie sûreté, expression qui s'applique aussi au gage, au privilége et à l'hypothèque, la sûreté particulière qui résulte de l'engagement, pris par un tiers, de payer pour le débiteur, si celui-ci ne paye pas ; c'est donc un contrat.

Nous avons à examiner ce contrat sous les points de vue suivants :

Des effets du cautionnement entre le débiteur et la caution.

En principe, la caution qui a payé pour le débiteur principal a un recours contre lui pour se faire indemniser ; mais cela n'a pas toujours lieu.

1. Des cas où la caution a un recours.

La caution peut recourir contre le débiteur toutes les fois qu'elle l'a libéré à ses dépens, c'est-à-dire, soit en payant la dette, soit en l'éteignant au moyen d'une compensation ou d'une novation.

Elle peut même répéter du débiteur le montant de la dette, quoiqu'elle n'ait rien déboursé, si le créancier, voulant lui faire une libéralité, lui a, afin d'atteindre ce but, fait remise ou donné quittance de la dette.

2. Des cas où la caution n'a pas recours.

Elle n'a pas recours toutes les fois que, par sa faute, le paiement qu'elle a fait n'a pas été utile au débiteur.

En principe, la caution peut recourir aussitôt qu'elle a payé ; si elle a payé avant l'échéance du terme, elle doit attendre jusqu'à cette époque.

Elle peut réclamer :

1. Le capital et les intérêts de la dette ;

2. Les frais de l'assignation de la part du créancier et les frais postérieurs, si elle a pris soin de dénoncer l'assignation au débiteur ;

3. Les intérêts de tous ces débours, à compter du jour où elle les a faits ;

4. Des dommages et intérêts, si le cautionnement est devenu, par la faute du débiteur, nuisible à la caution.

La caution peut recourir :

1. Contre le débiteur s'il est seul ;

2. Contre les co-débiteurs solidaires cautionnés par elle, chacun pour le tout, et chacun pour leur part, s'ils ne sont que conjoints ; contre celui des co-débiteurs qu'elle a cautionné, et pour sa part seulement.

La caution peut agir par l'action de mandat, si elle a cautionné par l'ordre ou au su du débiteur ; par l'action de gestion d'affaires, au cas contraire.

De plus, l'action du créancier, qu'elle a désintéressé, action que la subrogation lui transfère, lui arrive avec tous ses accessoires, tels que gages, priviléges ou hypothèques.

La caution qui a agi *malgré le débiteur*, n'aura aucune action contre lui, s'il est prouvé qu'il a eu l'intention de lui faire une libéralité : dans le cas contraire, elle agira par une action *in rem verso*, qui ne fera courir les intérêts que du jour de la demande en justice, qui pourra être prescrite par le laps de temps qui restait à courir pour la prescription de la dette, tandis que les autres actions ne se prescrivent que par trente ans du jour du paiement. La caution peut agir contre le débiteur, même avant d'avoir payé, dans les cas suivants :

1. Lorsqu'elle est poursuivie en justice pour le paiement ;

2. Lorsque le débiteur est en faillite ou déconfiture ;

3. Lorsque le débiteur s'est obligé de lui rapporter sa décharge dans un certain temps ;

4. Lorsque la dette est devenue exigible par l'échéance du terme sous lequel elle avait été contractée ;

5. Au bout de dix ans, lorsque l'obligation principale n'a point de terme fixe d'échéance.

Des effets du cautionnement entre les cofidéjusseurs.

Lorsque plusieurs personnes ont cautionné un même débiteur pour une même dette, la caution qui a acquitté la dette a recours contre les autres cautions, chacun pour sa part et portion. Mais ce recours n'a lieu que lorsque la caution a payé dans l'un des cinq cas énoncés ci-dessus.

De l'extinction du cautionnement.

Il s'éteint :

1. Par l'extinction de l'obligation principale ;

2. Lorsque la subrogation aux droits, hypothèques et priviléges du créancier ne peut plus, par le fait de celui-ci, s'opérer en faveur de la caution, et en général par toutes les causes ordinaires d'extinction des obligations ;

3. Lorsque le créancier a consenti à recevoir en paiement une chose autre que celle qui lui est due, encore qu'il vienne à en être évincé.

La prorogation du terme accordé par le créancier au débiteur principal ne décharge pas la caution ;

4. Par la confusion..

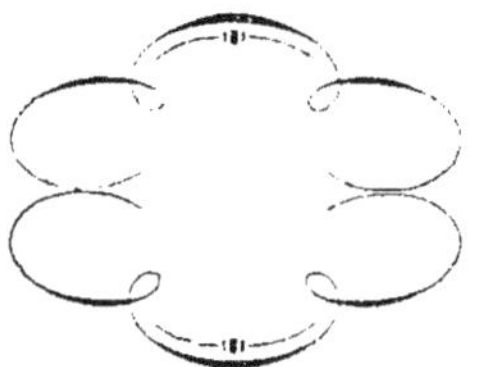

PROCÉDURE CIVILE.

Des exceptions déclinatoires et du règlement de juges.

(ART. 168 A 172. — 363 A 367.)

Des exceptions déclinatoires.

L'exception est un moyen opposé par le défendeur pour retarder l'examen, critiquer la forme de la prétention du demandeur sans en examiner, sans en discuter le fond.

L'exception déclinatoire, appelée ordinairement *renvoi*, est un moyen opposé par le défendeur pour opérer la transmission d'une cause d'un tribunal, déjà saisi par le demandeur, à un autre tribunal, pour cause d'incompétence du premier.

Il ne faut pas confondre l'exception déclinatoire avec le renvoi proprement dit, qui arrive au même résultat mais pour une autre cause, pour cause de suspicion légitime de partialité de l'un ou de plusieurs des juges composant le tribunal saisi.

L'exception déclinatoire se propose, par acte d'avoué à avoué, avant toute autre exception ou défense, *in limine lit:s ;* le renvoi proprement dit, se propose par déclaration au greffe, avant que les conclusions au fond soient prises à l'audience.

Un tribunal peut être incompétent *à raison de la matière* ou *à raison du domicile de la personne,* ou *de la situation de l'immeuble.*

L'exception fondée sur le premier chef peut être opposée en tout état de cause, et si elle n'est pas opposée, le tribunal sera tenu de renvoyer lui-même l'affaire devant qui de droit.

L'exception fondée sur le second chef, ne peut être opposée que *in limine litis* et par le défendeur seulement.

Après avoir donné ces notions sur l'exception *d'incompétence,* qui est la plus fréquente, il nous faut parler de deux autres exceptions déclinatoires moins importantes : s'il a été formé précédemment devant un autre tribunal une demande pour le même objet, ou si la contestation est connexe à une cause déjà pendante devant un autre tribunal, le renvoi devant ces tribunaux pourra être demandé devant celui qui a été saisi le second. La première de ces exceptions s'appelle exception *de litispendance ;* la seconde, exception *de connexité.*

On applique à ces exceptions la procédure de l'exception déclinatoire d'incompétence *ratione materiæ,* c'est-à-dire qu'elles pourront être opposées en tout état de cause ; la loi n'a rien dit à ce sujet, mais vu l'importance du motif de ces exceptions, on a pensé devoir leur donner toute la latitude possible.

Le motif est en effet la conservation de l'ordre public qui pourrait être troublé par deux jugements différents sur un même objet, ou bien par deux jugements en désaccord sur deux objets liés intimément, connexes.

Toute demande en renvoi est jugée sommairement sans qu'elle puisse être *réservée, ni jointe au principal.*

Du règlement de juges.

Le règlement de juges se rapproche des exceptions déclinatoires en ce sens qu'il a pour but aussi d'attribuer le litige aux juges compétents; mais il en diffère en ce sens que, pour les exceptions déclinatoires, on s'adresse aux juges mêmes dont on dénie la compétence, tandis que pour le règlement de juges, on recourt à la juridiction supérieure aux tribunaux devant lesquels la demande a été portée. Cela dit, voyons ce que c'est que le règlement de juges :

Si deux tribunaux judiciaires se déclarent compétents ou incompétents dans la même affaire. il existe une lutte appelée *conflit de juridiction.* Qui videra ce conflit?

Si le différend est porté à deux ou à plusieurs tribunaux de paix ressortissant au même tribunal de première instance, la demande pour vider ce différend, qui constitue le règlement de juges, sera portée à ce tribunal. .

Si ces tribunaux de paix ne ressortissent pas au même tribunal de première instance, le règlement sera porté à la cour impériale.

Si ces tribunaux de paix ne ressortissent pas à la même cour impériale, le règlement sera porté à la cour de cassation.

Si un différend est porté à deux ou à plusieurs tribunaux de première instance ressortissant à la même cour impériale, le règlement de juges sera porté à cette cour; il sera porté à la cour de cassation, si les tribunaux ne ressortissent pas à la même cour, ou si le conflit existe entre une ou plusieurs cours.

La demande en règlement de juges n'est admise que sur une décision

du tribunal qui doit en connaître ; à cet effet, la partie qui veut se pour-
voir en règlement de juges présentera une requête au tribunal en question, et sur cette requête il interviendra un jugement rendu en la chambre
du conseil, sans appeler l'autre partie.

Le demandeur signifiera ce jugement et assignera les parties au domicile de leurs avoués ; le délai quant à ce sera de quinzaine, à compter du
jour du jugement ; le délai pour comparaître sera celui des ajournements.

Si le défendeur en règlement n'est pas assigné dans ce délai, il a le
droit de faire continuer les poursuites dans le tribunal qu'il a saisi, et son
adversaire est déchu de la demande en règlement de juges.

Le demandeur en règlement qui succombera pourra être condamné
aux dommages-intérêts envers les autres parties.

DROIT COMMERCIAL.

Des actions qui naissent du contrat à la Grosse.

Le contrat à la Grosse est un prêt fait sur des objets exposés à des risques maritimes ; si les objets exposés viennent à périr en totalité, l'emprunteur est libéré en opposant au prêteur cette exception de perte totale ; s'ils ne périssent qu'en partie, l'emprunteur est encore libéré, en opposant au prêteur l'exception d'avarie, mais en lui abandonnant tout ce qui reste de ces objets.

Enfin, si les objets arrivent à bon port, le prêteur peut réclamer le capital, plus une somme fixée, à titre de profit maritime. On voit par cette définition du contrat à la Grosse, qu'il met les risques à la charge du prêteur, que par suite il n'est productif que d'exceptions pour l'emprun-

Quant au prêteur, il produit deux actions : une action personnelle et une action réelle.

1. Une action personnelle s'exerçant contre l'emprunteur, pour la restitution de la somme prêtée et le paiement de l'intérêt stipulé, lorsque les risques sont finis.

C'est ordinairement le capitaine qui emprunte à la Grosse, et alors l'action s'exerce contre lui.

Quand c'est le propriétaire du navire qui a emprunté à la Grosse par l'intermédiaire du capitaine, c'est contre lui seulement que s'exerce l'action ; seulement on attaque le capitaine, et la sentence est déclarée exécutoire contre le propriétaire.

Cette action est prescrite par cinq ans à compter du jour de la date du contrat.

2. Une action réelle, par le fait de laquelle le prêteur a un privilége sur les objets affectés, mais il faut pour cela qu'il ait fait enregistrer au greffe du tribunal de commerce du lieu dans lequel l'emprunt a été conclu, l'acte de prêt dans les dix jours de sa date.

Si le contrat est fait à l'étranger, l'existence du privilége est soumise aux conditions formulées dans l'art. 234 du Code de commerce.

Si l'emprunt a été en voyage, l'existence du privilége est soumise à cette condition, à savoir : que l'emprunt soit motivé par le mauvais état du navire, ou par les avaries, ou par les besoins quelconques de la navigation. Quant à l'ordre, ce privilége s'exerce en raison inverse de la date de l'emprunt.

Cette action est aussi prescriptible par cinq ans.

DROIT ADMINISTRATIF.

Des attributions contentieuses et de la procédure du Conseil d'État.

Des attributions contentieuses du Conseil d'Etat.

Ce sont celles qui, quant au fond, se réfèrent au contentieux administratif, et qui, quant à la forme, sont publiques et contradictoires.

Elles sont très-nombreuses ; elles embrassent tout le contentieux administratif.

Il suffit d'en établir une classification générale.

Avant tout, remarquons que le Conseil d'Etat n'a, même en matière contentieuse, qu'un caractère purement consultatif ; ces décisions doivent être revêtues de la sanction impériale. Remarquons de plus que le Conseil d'Etat peut statuer sur le contentieux administratif en général, comme juge suprême, comme juge d'appel, comme juge de première instance en premier ou dernier ressort.

C'est d'après cette dernière remarque que nous allons établir la classification des attributions contentieuses de ce Conseil.

1. Le Conseil d'Etat exerce comme Cour de cassation, sans examiner le fond, sa juridiction sur tous les recours pour incompétence ou excès de pouvoir portés devant lui contre tout tribunal administratif quel qu'il soit; sur tous les règlements de juges en matière contentieuse administrative; sur les recours contre les décisions administratives portées en dernier ressort en matière contentieuse pour cause de violation des lois et de formes. (2 cas : Arrêts de la cour des comptes ; arrêt des jurys de révision en matière de garde nationale.)

2. Le Conseil d'Etat exerce sa juridiction comme Cour d'appel en examinant la forme et le fond sur une foule de cas. Exemple : Sur les recours contre les arrêtés des conseils de préfecture en matière contentieuse; sur les recours contre les arrêtés des ministres; contre les conseils privés des colonies; contre les commissions contentieuses de travaux publics ; contre les arrêtés des préfets ; contre tout arrêté rendu par un tribunal administratif quelconque en premier ressort, lorsqu'il n'y a pas de tribunal intermédiaire entre lui et le Conseil d'Etat.

3. Le Conseil d'Etat exerce sa juridiction comme tribunal de première instance sur peu de cas; en premier ressort, savoir : sur les demandes en interprétation de décrets impériaux, d'ordonnances royales, d'actes émanés de l'ancien gouvernement français avant 1789 ; sur les oppositions contre eux ; en premier et dernier ressort : sur les recours pour incompétence ou excès de pouvoir en matière purement administrative, c'est là une grande garantie pour tous les citoyens ; sur les recours pour des actes de pure administration, pour violation ou méconnaissance de formalités garantissant les droits privés; sur les infractions aux lois régissant la Banque de France ; sur toutes les affaires concernant la liste civile impériale.

De la forme des délibérations du Conseil d'Etat en matière contentieuse.

L'affaire portée devant le Conseil d'Etat doit être examinée d'abord par la section du contentieux, qui est composée de 6 conseillers d'Etat dont un a le titre de président, 5 maîtres de requête, et 7 auditeurs.

Il faut pour qu'il y ait décision au moins quatre membres ayant voix délibérative.

Cette section prépare le rapport qui devra être fait devant l'assemblée générale ; il est fait sur mémoires d'avocat.

S'il n'y a pas eu d'avocat constitué, elle juge l'affaire à elle seule, à moins que le renvoi à l'assemblée générale ne soit demandé par un des membres de la section.

Au cas contraire, l'affaire est portée devant l'assemblée générale *en séance publique,* sur le rapport de la section du contentieux ; rapport de l'affaire est fait au nom de cette section par un conseiller, maître de requête ou auditeur ; les avocats des parties sont appelés à présenter des observations orales ; le ministère public, exercé par trois maîtres de requêtes désignés par décret impérial et appelés commissaires du gouvernement, exercé par eux à tour de rôle, est alors entendu ; ensuite le Conseil d'Etat donne son opinion, sauf à l'Empereur à la ratifier ; il peut ne pas la ratifier, mais cela n'arrive presque jamais : le décret impérial rendu contrairement doit, sous peine de nullité, être inscrit au *Moniteur* et au *Bulletin des Lois* ; c'est une garantie d'examen pour les citoyens.

L'assemblée générale en matière contentieuse n'embrasse que les conseillers de la section du contentieux, plus 10 autres conseillers pris au nombre de 2 dans chacune des cinq sections administratives, ce qui fait en tout 16 membres : c'est l'Empereur qui les prend et les renouvelle tous les deux ans par moitié.

Il faut onze membres au moins présents pour pouvoir délibérer valablement; on juge à la majorité, et s'il y a partage, la voix du président est prépondérante; c'est celui de la section du contentieux qui préside; celui du Conseil d'Etat peut présider; l'Empereur ne le peut pas.

De la procédure devant le Conseil d'Etat.

C'est le décret du 22 juillet 1806 qui l'a réglée.

Instance introduite sur la requête d'une partie privée.

En principe, le recours au Conseil d'Etat ne peut être formé que par requête signée d'un avocat au Conseil d'Etat; les deux seules exceptions sont relatives aux contributions directes et à la police du roulage.

Cette requête doit être déposée au secrétariat général dans le délai de trois mois à compter de la notification de la décision attaquée; elle est remise à l'un des membres de la section du contentieux par les soins du président de ladite section; celui-là ordonne ensuite la communication à la partie adverse.

Cette communication doit être faite dans le délai de trois mois à compter de l'ordonnance connue, sauf augmentation pour les personnes situées hors de France.

La partie adverse, dans un délai de quinze jours à deux mois, suivant qu'elle est éloignée plus ou moins de Paris, doit présenter ses défenses, constituer avocat devant le Conseil d'Etat; la signature de la requête ou défense par cet avocat vaut constitution.

Dans la quinzaine de la signification de cette requête au demandeur, celui-ci peut faire réplique, et après *idem* pour le défendeur, sans qu'il y ait plus de deux requêtes sérieuses, énonçant la difficulté, devant être mises sous les yeux du Conseil d'Etat.

Suivent ensuite les formalités expliquées ci-dessus.

Affaire introduite sur le rapport d'un ministre.

Lorsque c'est l'administration qui est en cause, c'est un rapport du ministre compétent qui saisit le conseil.

La procédure diffère alors de la précédente, en ce sens que le rapport n'a pas besoin d'être communiqué ; on donne seulement avis du dépôt des pièces à l'appui au secrétariat général.

Ce dépôt vaut notification, c'est aux employés à donner avis.

Divers incidents qui peuvent se présenter au Conseil dans le cours d'une instance.

Ce sont les mêmes qu'en instance judiciaire ; ils sont réglés avec soin par le décret du 22 juillet 1806 ; le caractère de ce décret est d'en abréger autant que possible le cours. S'il vient à surgir une question d'état ou de faux, même incident, le Conseil est incompétent ; ces questions doivent être jugées par les tribunaux judiciaires.

Des décisions rendues en matière contentieuse par le Conseil d'Etat.

Elles doivent constater le nombre voulu des conseillers, les noms et qualités des parties, les points de fait et de droit, les motifs, les dispositifs.

Elles se divisent comme les jugements.

Voies de recours.

Ces voies sont :

1. L'opposition ;

2. La révision, qui n'a que trois causes, savoir :

> 1. Lorsque la décision attaquée a été basée sur des pièces ultérieurement reconnues fausses ;
> 2. Lorsqu'elle a été rendue en l'absence d'une pièce décisive retenue par une partie et découverte ensuite ;
> 3. Lorsqu'il y a eu inobservation de formes substantielles. (Loi de 1831.)

Elle ne peut être invoquée que contre des décisions rendues contradictoirement, et dans un délai de trois mois à partir de la découverte de la fraude.

3. La tierce opposition.

Délai de 31 ans à partir de la lésion connue.

Des dépens.

Ils sont taxés par un maître de requête désigné, sauf révision du président de la section du contentieux.

Officiers ministériels qui postulent devant le Conseil d'Etat.

Ce sont d'abord les avocats **qui** postulent à la Cour de cassation ; ils sont à la fois avoués et avocats ; leur nombre est de 60 ; leur charge transmissible.

Puis, les huissiers audienciers, qui sont des huissiers du tribunal de première instance de la Seine affectés au service du Conseil. Ils peuvent seuls faire signification d'avocat à avocat ; ils font toutes les significations lorsque les parties résident à Paris.

Vu par nous Professeur Président de Thèse,

L. MARTIN.

Vu et permis d'imprimer.

Le Recteur de l'Académie d'Aix,

MOTTET.

www.ingramcontent.com/pod-product-compliance
Lightning Source LLC
Chambersburg PA
CBHW051409060726
47596CB00005B/2138